BRITA HANSEN

# Seidenmalerei

SPIEL MIT FORM & FARBE

SPIEL MIT FORM UND FARBE.
DAS SIND KNALLIG BUNTE MUSTER
UND MOTIVE ABER AUCH ZARTE
PASTELLIGE DESIGNS.

SEIT MEHR ALS 30 JAHREN STEHT
DER NAME „CHRISTOPHORUS" FÜR
KREATIVES UND KÜNSTLERISCHES
GESTALTEN IN FREIZEIT UND BERUF.

GENAUSO WIE DIESER BAND
IST JEDES CHRISTOPHORUS-BUCH
MIT VIEL SORGFALT ERARBEITET:
DAMIT SIE SPASS UND ERFOLG
BEIM GESTALTEN HABEN – UND
FREUDE AN SCHÖNEN ERGEBNISSEN.

CHRISTOPHORUS
Bücher mit Ideen

BRITA HANSEN

MIT VORLAGEN

# Inhalt

# Spiel mit Form und Farbe

Leuchtende Farben, ausdruckstarke Muster und verträumte Designs. Das sind die neuen Arbeiten, die ich Ihnen in diesem Band vorstellen möchte. Lassen Sie sich davon inspirieren, lassen Sie Ihrer Kreativität freien Lauf.

Im einleitenden Teil dieses Buches finden Sie die Grundtechniken des Gestaltens mit Gutta, Wachs und Verdicker Schritt für Schritt exakt erklärt. Dabei sind die Besonderheiten jeder Technik hervorgehoben. Auch zur Auffrischung Ihrer Kenntnisse ist dieser Bilder-Lehrgang bestens geeignet, da Sie sich rasch an den Arbeitsfolgen orientieren können.

Der folgende Modellteil zeigt auf eindrucksvolle Weise die verschiedenen Muster- und Motivvorschläge. Der Vorlagebogen erleichtert das Nacharbeiten der Gutta-Seidenmalereien. Wobei jeweils die Hauptmotive und -muster abgebildet sind.

Im rustikalen mexikanischen Landhaus entstanden die Ambiente-Aufnahmen, mit denen ich Sie zum Spiel mit Form und Farbe einladen möchte.

Ihre

*Mika Stevenson*

♡ Ich bedanke mich bei Gisela Naumann für die Gestaltung ihrer Entwürfe und Babette Heiter für ihre tatkräftige Unterstützung und ständigen Aufmunterungen bei den Arbeiten zu diesem Buch.

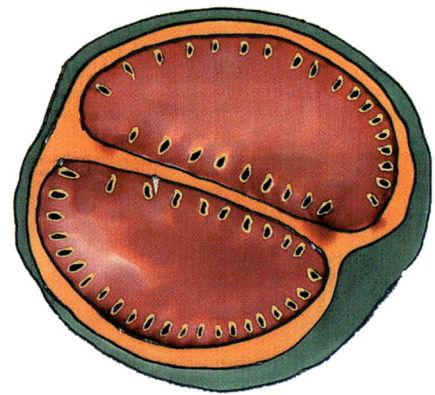

# Material und Hilfsmittel

### Seide

Seide ist ein tierisches Produkt und wird nach aufwendigen Prozeduren aus dem Kokon des Seidenraupenspinners gewonnen. Ihr kostbarer Glanz sowie Fall und Griffigkeit werden durch die Webart bestimmt. Zum Bemalen am besten geeignet sind dünne, glatte Qualitäten, wie z.B. Pongé, Crêpe de Chine, Crêpe Satin, etc. Diese Seiden gibt es als Meterware oder als fertig rollierte Tücher.

### Seidenmalfarben

Seide wird mit speziellen Seidenmalfarben bemalt. Grundsätzlich unterscheidet man zwischen Dampffixier- und Bügelfarben. Dampffixierfarben werden nach dem Trocknen durch Wasserdampf im Fixiergerät ca. vier Stunden fixiert. Danach leuchten die Farben, und die Seide fällt besonders weich. Bügelfarben werden durch Bügeln fixiert. Obwohl Glanz und Griffigkeit der Seide nicht ganz so stark wie bei den Dampffixierfarben ausfallen, lohnt auch diese unkomplizierte Anwendung. Die hier vorgestellten Modelle wurden mit der dampffixierbaren Farbe AVANTGARDE von C. Kreul gestaltet.

### Pinsel

Zu einer Grundausstattung gehören Malpinsel der Größen 8, 12 und 18 aus feinen Tierhaaren wie z.B. feines Fehhaar, Ziegenhaar oder aus Acryl. Für große Flächen verwendet man Flächenstreicher z.B. Größe 2,5 Zoll aus geschliffenen Schweineborsten oder Ziegenhaar. Für die Wachs- oder Verdickertechnik sollten Sie auf jeden Fall einfache Pinselqualitäten wie Japanpinsel oder Schweineborsten verwenden. Spezielle Streifeneffekte in Wachs werden mit einem Fächerpinsel und dünne Konturen mit einem Tjanting gezogen (siehe auch Material zur Wachstechnik).

### Rahmen und Befesti-

### gungsmittel

Am besten geeignet sind stufenlos verstellbare Rahmen in entsprechender Seidengröße. Seidenmeterware befestigen Sie mit Dreizackstiften, fertig rollierte Tücher werden mit feinen Markierungsnadeln geheftet.

### Gutta

Zum exakten Trennen von Farbflächen verwenden Sie Gutta oder Konturenmittel. Mittels einer Plastikflasche und einer feinen Metallfeder wird die zähflüssige Gutta auf die Seide aufgetragen. Die Stärke der Kontur ist abhängig von der Größe der Metallfeder. Gutta ist benzinlöslich und wird nach dem Fixieren in der Reinigung wieder gelöst. Man verwendet sie bei allen Arten von Seidenkrepp wie z.B. Crêpe de Chine, Crêpe Satin etc. Dünnere Seidenstoffe wie Pongé oder Chiffon können mit dem wasserlöslichen Konturenmittel reserviert werden. Dieses sollte nach dem Farbfixieren im Wasserbad entfernt werden. Gutta und Konturenmittel gibt es in Transparent oder in Farben wie Gold, Silber, Schwarz, etc. Die farbige Gutta wird nach dem Fixieren nicht mehr entfernt. Mit Waschbenzin kann zähfließende Gutta wieder verdünnt werden. Fürs Konturenmittel reicht Wasser. Zu dünnflüssige Gutta oder Konturenmittel einfach eine Zeit lang offen stehenlassen.

### Phantomstift

Um die hier vorgestellten Motive problemlos auf die Seide zu übertragen, benötigen Sie einen Phantomstift. Nach dem Aufzeichnen, bei Wasserkontakt oder nach mehreren Tagen, verschwindet die Kontur ohne weiteres von der Seide.

### Material für Wachstechnik

Ähnlich wie Gutta reserviert Wachs die Seidenfläche. Im Handel ist es in Blockform oder lose erhältlich. Geschmolzen wird Wachs im Topf-Wasserbad oder im Profi-Wachswärmer. Wachs tragen Sie entweder flächig oder effektvoll mit dem Pinsel auf. Feine Linien und Strukturen erhalten Sie mit einem Tjanting. Dieses ist ein kleines Metallpfännchen an einem Stiel, das das Wachs eine Zeit erwärmt hält. Mittels einer feinen Metalldüse wird das Wachs auf die Seidenfläche aufgezeichnet.

### Material für Verdickertechnik

Für die Verdickertechnik muß die Seidenmalfarbe eingedickt werden. Dies geschieht mit fertigem Verdicker auf Algenbasis (im Handel erhältlich) oder mit preiswertem Tapetenkleister, der beim Malen allerdings eine bröcklige Struktur hinterläßt. Zur Erstellung von Schablonen verwenden Sie Fotokarton oder Folien, die mit einem Cutter, einem skalpellartigen Schneidemesser, zurechtgeschnitten werden.

# Guttatechnik

Immer dann, wenn Farbflächen klar voneinander getrennt werden, findet die Gutta oder Konturentechnik ihren Einsatz. Sie ermöglicht eine Vorzeichnung exakt auf die Seide zu übertragen und auszumalen, oder aber eine spontane Guttazeichnung auf die Seide zu zeichnen. Wählen Sie aus einem unfangreichen Gutta oder Konturensortiment eine Farbe aus (wie z.B. Gold, Silber, Schwarz, etc.). Nach dem Farbfixieren werden transparente Guttas im Benzinbad wieder gelöst. Farbige Guttas verbleiben im Gewebe.

## 1.

Um die Vorzeichnung sauber auf die Seide übertragen zu können, kleben Sie die Vorlage auf einen glatten Untergrund. Hierüber befestigen Sie mit Klebestreifen die zuvor gebügelte Seide auf die Vorlage. Übertragen Sie nun mit dem Phantomstift die Vorlage sorgfältig auf die Seide.

## 2.

Die Seide ist nun straff auf den Rahmen aufgespannt. In einer Malflasche und mit Feder Nr. 6 werden alle Konturen der Vorlage mit schwarzer Gutta nachgezogen. Achten Sie darauf, daß alle Konturen lückenlos geschlosssen sind. So verhindern Sie ein „Unterwandern" der Farbe. Auch eventuelle Luftbläschen können Lücken in den Konturen hinterlassen. Am besten kontrollieren Sie vor dem Farbauftrag noch einmal alle Konturen, indem Sie den Rahmen gegen eine Lichtquelle halten.

# 3.

Welche Farben verwende ich und wie kombiniere ich sie? Diese Frage klären Sie mit Sicherheit durch eine Probezeichnung, indem Sie alle Flächen auf Papier farbig ausmalen. Ist Ihnen diese Prozedur zu umständlich, versuchen Sie doch mit einzelnen Farbproben (siehe Tip) die endgültige Farbauswahl zu klären. Legen Sie neben den Farben auch die entsprechenden Pinsel bereit.

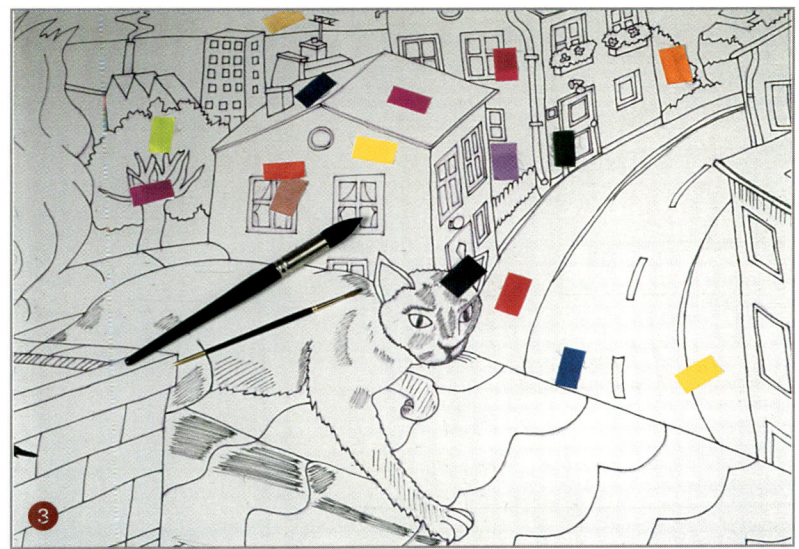

# 4.

Nach soviel gründlicher Vorbereitung geht's endlich los mit dem Ausmalen. Sie werden gleich bemerken, daß die Farbe ganz leicht ins Seidengewebe fließt. Daher nicht zu nah an die Guttakontur malen – die Farbe fließt selbständig bis an die Grenze. Vermeiden Sie auch einen zu üppigen Farbauftrag, dieser führt keineswegs zu einem intensiveren Farbergebnis. Zuviel Farbe bleibt lediglich im Fixierpapier hängen.

## Tip:

Testen Sie die Gutta zuvor an einem kleinen Probestück aus gleicher Seide. Stimmt die Konsistenz der Gutta? Zu zähfüssige Gutta läßt die Farbe durch. Zu dünnflüssige ebenfalls. Legen Sie sich eine eigene Farbpalette an. Hierfür zeichnen Sie mit transparenter Gutta auf dünner Seide kleine Kästchen von ca. 5 x 5 cm entsprechend der Anzahl Ihrer Seidenmalfarben auf. Alle Ihnen zur Verfügung stehenden Farben sollten Sie in einem eigenen Feld aufmalen, anschließend fixieren, ausschneiden und auf Papier kleben. Mit dieser Farbskala probieren Sie die Farbwirkung direkt auf der Seide aus.

# Wachs-technik

Eine ganz eigenwillige Art, Seide zu gestalten und Flächen zu reservieren, erreicht man mit Wachs. Hierfür wird Wachsschicht auf Farbschicht wiederholt aufgetragen. Der so erzielte vielschichtige Effekt lädt zum Experiment mit unterschiedlichen Materialien ein.

## 1.

Alle Materialien liegen nun bereit: das geschmolzene Wachs im Wachswärmer, unterschiedlich breite Pinsel, Tjanting sowie Schablonen zum Ausmalen.

## 2.

Zügig wird mit einem Pinsel die Schablone ausgemalt. Dabei darf das Wachs nicht erkalten. Die reservierte Stelle erscheint, richtig aufgetragen, dunkler und weißlich, wenn das Wachs bereits erkaltet ist.

## 3.

Für effektvolle Pinselschwünge verwendet man einen Fächerpinsel aus Schweineborsten.

## 4.

Erst der Farbauftrag läßt die Wachsmalerei deutlich hervortreten. Verwenden Sie helle, pastellige Farbtöne als Untergrund für eine weitere Farbschicht. Für einen neuerlichen Wachsauftrag muß die Seidenfläche absolut trocken sein.

## 5.

Dünne Linien und feinere Effekte erzielt man am besten mit einem Tjanting. Hierfür wird das Metallpfännchen im flüssigen Wachs mit erhitzt und hält so eine Weile das Wachs dünnflüssig.

## 6.

Auch hier machen erst die Farben die Wachszeichnung sichtbar. Je nach Motiv können Sie beliebig viele Wachs- und Farbschichten übereinander legen.

## 7.

Die Farbreste auf dem Wachs sind mit Küchenkrepp abgetrocknet und die Fläche trockengefönt.

## Tip:

Beim Dampffixieren verschwindet alles Wachs im Fixierpapier. Sie benötigen Extralagen Papier, die verhindern, daß sich Wachs-Fettrückstände auf nachfolgende Seidenstücke abdrucken. Danach Seidenstücke im Bezinbad von Wachsresten fettfrei reinigen.

# Verdicker-technik/ Monotypie

Wenn die Farbe mal nicht fließen soll und Sie auch nicht mit Gutta arbeiten möchten, ist diese Technik für.Sie sicherlich interessant. Durch den untergemischten Verdicker läßt sich die Farbe direkt auf die Seide aufmalen. Nach einer Trockenzeit die Umgebung wie gewohnt mit flüssiger Farbe ausmalen. Die verdickte Malfläche wird von der Seidenmalfarbe nicht unterlaufen. Weiterhin ist es möglich, mit der verdickten Farbe direkt auf einer glatten Tischfläche zu malen. Mit aufgespanntem Rahmen, umgedreht auf die verdickte Malfläche aufgelegt, kann das Motiv auf die Seide abgedruckt werden. Dieser Druckvorgang wird Monotypie genannt.

## 2.

Sind alle Farben in der richtigen Konsistenz angerührt – sie sollten die Konsistenz von dick-flüssiger Sahne haben – können Sie mit dem Ausmalen der ersten Schablone beginnen.

## 1.

Auch bei dieser Technik können Sie Schablonen verwenden. Sie können jede beliebige Form aus Fotokarton mit einem Cutter aus-schneiden. Eine spezielle Schnei-deunterlage oder extra dicke Pappe vereinfachen das Ausschnei-den der Formen.

## 3.

Nach und nach füllt sich die Seidenfläche mit den verschiedensten Schablonen und Farben. Beim Auftrag sollten Sie bedenken, genügend Platz für die Farbgebung des Hintergrundes zu lassen. Der Hintergrund kann dann ausgemalt werden, sobald alle Schablonenformen vollständig trocken sind.

## Tip:

Wie bei allen Schichttechniken gilt auch hier, mit hellen, klaren Farben auf weißem Untergrund zu beginnen. Ist dann der Untergrund vollständig ausgemalt, sollten Sie mit dunklen Farbtönen übermalen oder zumindest bedenken, daß sich alle weiteren Farben mit dem Untergrundton mischen.

## Extra Tip:

Malen Sie die Schablonen mit nicht zuviel Farbe aus. Sie könnte sich unter die Schablonen schieben und die Kontur verwischen. Außerdem weichen Sie so die Pappschablonen an den Rändern auf. Diese müssen vor jedem weiteren Ausmalen gesäubert und getrocknet werden.

## 4.

Versuchen Sie ruhig einmal einige Experimente: So läßt sich eine bereits ausgemalte Schablone nochmals, etwas versetzt, anlegen und diesmal nur mit einer dünnen, schwarzen Umrandung ausmalen. Oder Sie legen die Schablone quer über bereits gemalte Motive und malen diese mit dunkler Farbe aus. Ihrer Phantasie sind keine Grenzen gesetzt, es gilt nur der Grundsatz: Wenn´s am Schönsten ist soll man aufhören.

# Truthahn

Ebenso herbstlich erscheint uns der Truthahn mit seinem dekorativ aufgeplusterten Gefieder. Die Konturen sind mit schwarzer Gutta gemalt, die besonders die Schattenumrisse des Geflügels im Hintergrund unterstreichen.

# Herbst

Mit seinen Rot-, Grün-, Gelb- und Brauntönen stimmt uns dieses Bild schon auf den Herbst ein. Gemalt ist es, bis auf den buschigen Schwanz des Eichhörnchens, in der Guttatechnik. Dieser wurde mit Aquarellgrund ausgemalt, getrocknet und mit feinen Pinsellinien nachgezeichnet. Alle Details der Kastanien sind aquarellartig ausgemalt.

# Betthaupt

Luxus pur auf Crêpe Satin! Welch ein Genuß, morgens in diesem schönen Ambiente aufzu-wachen. Das Betthaupt, gemalt in Guttatechnik, trägt vielleicht ein bißchen dazu bei. Pastellfarbige Rennaissance-Ornamente, hin und wieder gemischt mit warmen Farb-tönen, ranken auf vanille-farbigem Untergrund.

Das steinerne Antlitz ist in dunkleren Tönen gehalten, damit es sich vom Hinter grund plastischer abhebt.

# Schuhe über Schuhe

Jetzt wird's bunt! Lassen Sie sich in Farbe von Muster zu Muster treiben. Mit Hilfe von Guttatechnik (Schuhe) und verdickter Farbe (Muster im Hintergrund) dürfte dies keine allzu großen Schwierigkeiten bereiten. Um die vielen bunten Farben optisch zusammenzuhalten, hat das Tuch einen schwarzen Hintergrund bekommen.

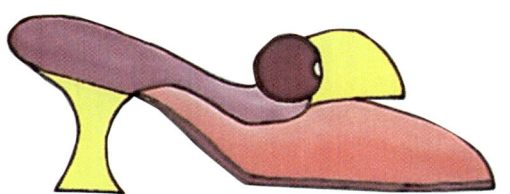

Ihrer Phantasie sind keine Grenzen gesetzt. Hier können Sie alle verrückten Schuhideen aufzeichnen, die Sie schon immer mal anprobieren wollten. Wie wär´s z.B. mit zarten Slippern in Pastelltönen oder einer Sandale mal ganz ohne Absatz? Ideal kombinieren läßt sich dieses Tuch zu unifarbener Kleidung in Schwarz oder Bunt.

# Inkamuster

Dieses alte, mexikanische Inkamotiv ist bestens geeignet, um in Farben zu schwelgen und alle möglichen Farbkombinationen auszuprobieren. Der zitronenfarbige Untergrund läßt die Motive besonders dramatisch hervortreten. Gemalt ist dieser Schal in Guttatechnik mit schwarzer Gutta.

# Pfau

Auch dieser Pfau ist in Guttatechnik gemalt. Um die Pracht seiner Federn noch zu verdeutlichen, sind drei verschiedenfarbige Guttas, wie Schwarz, Silber und Gold verwendet worden. Ebenso müssen die einzelnen Farben des Motivs gut aufeinander abgestimmt sein. Der türkisfarbige Hintergrund fängt dieses Feuerwerk der Farben harmonisch auf.

◀ ·········

# Kissen im Ethno-Look

Mit solch einem fröhlich bunten Kissen holen Sie sich die Sonne ins Haus und wecken die Lust auf Urlaub im Süden. Alle Linien und Konturen sind mit verdickter Farbe direkt aus der Malflasche aufgetragen. Lediglich der Hintergrund wurde dann noch mit Gelb ausgemalt. Die ausgestopften Samtwülste, die Farbe wurde hier direkt auf Samt aufgemalt, bilden den farbenfrohen Abschluß.

·········▶

## Farben und Formen

Auch dieses Tuch ist in der Wachstechnik
gestaltet, diesmal aber mit geometrischen
Formen, die zum Schluß, nach mehreren
Schichten Wachs, eine rhythmisch pulsie-
rende Fläche ergeben. Die Farbwirkung
wird durch den dunklen Untergrund unter-
strichen. Ideal für Bekleidung.

◄ ···········

## Flower Power

Frei aus der Hand gemalt ist gar nicht so
schwer. Jedenfalls nicht, wenn zuvor der
Untergrund entsprechend farbig angelegt
ist. Gemalt wird mit flüssigem Wachs. So
entsteht, nach zwei Wachsschichten, ein
farbig lebendiges Tuch, das sich sehr gut
zur Kleidung abstimmen läßt.

··········►

## Blütenkorb

Hier kommt es aufs Detail an!
Die Motive sind mit Bleistift
auf die Seide gezeichnet. Der
anschließende Hintergrund ist
aufgemalt und mit Antifusant
bestrichen. Das Motiv ist mit
weißer Stoffmalfarbe und ein
wenig grauer Seidenmalfarbe
ausgemalt, so ergibt sich die
plastische Wirkung der Motive.

◄ ........

## Kissen mit Katze

Dieses Kissen könnte zum farbenfrohen Kuschelobjekt Ihrer Woh-
nung werden. Gemalt in Guttatechnik auf edlen Crêpe Satin
lädt es zum Dekorieren ein.
Mein Tip: Kombinieren Sie viele
Farben miteinander. Pastelltöne
und Volltöne immer wieder
abwechselnd einsetzen.

........ ►

# Kronen

Wie auf einer Schautafel sind die Kronen angeordnet.
Ein wenig erinnern diese edlen, historischen Prunkstücke
an Zeichnungen aus einem Comic.

Gemalt sind alle Details in Guttatechnik. Auf weinrotem
Untergrund erinnern die Kronen an längst vergangene
Macht und Pracht. Knallbunt ausgemalt sind alle Kronen
im Detail, der Hintergrund wechselt mit vier verschiede-
nen Pastelltönen rhythmisch ab und bietet so eine ruhige
Fläche. Gemalt ist auf Crêpe Satin mit schwarzer Gutta.

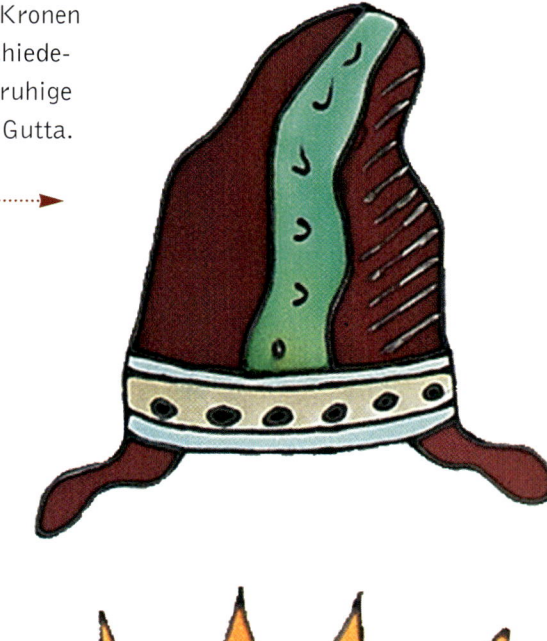

# Zum Träumen schön

Sonne, Mond und Planeten, gemalt in Guttatechnik, sind das Hauptmotiv auf dieser dekorativen Bettdecke. Einge-faßt sind sie durch unterschiedlich unifarbige Samtstreifen.

Jedes Einzelmotiv sitzt zentral im eigenen Rechteck. Eine interessante Farbwirkung ergibt sich durch die unterschiedlich gefärbten Samtein-fassungen und das Motiv selbst.

# Früchte

Dieses B ld, gemalt in Guttatechnik mit schwarzer und silberfarbener Gutta auf Twillseide, paßt sicher gut in Ihre Küche. Vergessen Sie nicht Ihre tägliche Ration Vitamine!

Dieses Obstbild wird Sie daran erinnern. Der flieder-farbene Untergrund und der grüne Rand sorgen für den richtigen Rahmen. Die plastische Wirkung der einzelnen Obststücke wird durch Schattenumrisse erzielt.

Nicht malerisch aquarellartig sondern eher grafisch sind die einzeln Früchte angelegt. Lichtreflexe sind durch klare, helle Felder angezeigt.

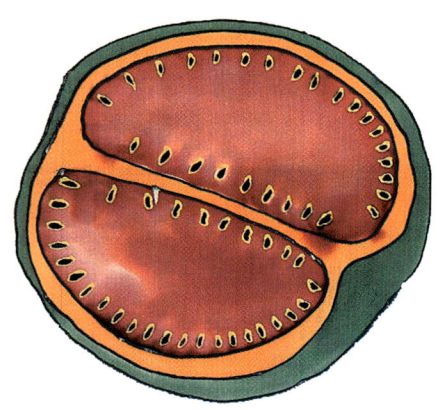

Tomate

Kirschen

Birne

Pflaume

Melone

## Schal mit Samtbesatz

Dieser Schal ist mit Samtstreifen am oberen und unteren Ende eingefaßt. Das geht ganz einfach und macht beispielsweise zu unifarbener Garderobe viel her! Die Ornamente sind in der Guttatechnik auf Streifenjacquard gemalt.

# Kinder-Samtschals

Lustig bunt und kuschelweich:
Das sind die neuen Samtschals,
d e mittlerweile im Hobby-
Fachhandel erhältlich sind.
Sie lassen sich gut einfärben,
können aber auch wie hier mit
Streifenmustern bemalt werden.
Und noch ein kleiner Hinweis,
falls Sie noch nie auf Samt
gemalt haben: Er schluckt sehr
viel Farbe, deshalb eignet er sich
nicht für aufwendigere Muster.
Die Unterseite besteht aus entsprechend eingefärbter Pongé-
seide.

## Les fleurs du jardin

Wie aus einem Buch für Botanik entsprungen, erscheint dieses Bild dem Betrachter.
Wichtiges Gestaltungselement ist hier der pastellfarbene Hintergrund der einzelnen Pflanzen. So können die Blumen möglichst naturgetreu wiedergegeben werden. Der matt-rosafarbene Rand ergänzt und umrahmt die Blumensammlung. Gemalt ist in Guttatechnik auf Crêpe Satin.

Hier kommt es auf die Details an! Blätter, Früchte und Blüten sind aquarellartig ausgemalt. Der Zeichenstift ist durch schwarze Guttalinien ersetzt.

# fleurs

| | | |
|---|---|---|
| *Laurus Nobilis* | *Iris Pseudacorus* | *Anemone Pulsatilla* |
| *Citrus Limon* | *Chamaemelum Nobile* | *Cedrus* |
| *Olea Europaea* | *Malus* | *Beta Vulgaris* |

# jardin

# Auf See

Das Schiff mit seinen bunten, gestreiften Segeln sticht in See. Meer und Himmel sind mit stark aufgehellten Farben gemalt.

◄·········

Randgestaltung: Hier müssen Sie die Gutta-kontur besonders sorgfältig ziehen. Die kleinen Motive, wie Seepferdchen oder Muscheln, können Sie ganz nach Ihrem Geschmack auf dem Randstreifen verteilen. Die Muschel (unten) wirkt schön plastisch, wenn sie zusätzlich noch aquarelliert wird. Alle Farben sind auf das Blau der Meeresfarbe abge-stimmt.

·········►

## Heartbreaker

Ein weiteres Bild ist hier in Wachstechnik entstanden. Besonders hervorgehoben in Weiß erscheint der Schriftzug „From Heart to Heart". Die Schrift sowie die unterschiedlich großen Herzformen sind mit einer Schablone ausgemalt. Dazwischen verbinden Pinselstriche und Kleckse die Einzelmotive und sorgen für den notwendigen Schwung.

## Wirbel

Auf edler Jacquardseide sind alle geometrischen Formen in Wachstechnik entstanden. Wie Sie sicher gut erkennen können, wurde hier mit allen möglichen Formen und Figuren experimentiert. Dadurch erhält das Tuch seine Dynamik und läßt sich toll zu Kleidung kombinieren.

## Kissen in Blau

Inspiriert durch die bunten Farben Mexikos ist dieses Kissen
entstanden. Die knalligen Blüten
und Folkloreformen (gezeichnet
in Guttatechnik) passen optimal
zum ruhigen Untergrund in Mit-
telblau. Der dunklere Samtrand
vervollständigt das Parade-
kissen.

◀ ·········

## Sommerlicher Vorhang

Zur Dekoration für ein Ambiente
mit südlichem Flair paßt dieser
Vorhang.
Die schwungvollen Arabesken
und Ornamente unterstreichen
die zarte Eleganz und Transpa-
renz. Gemalt sind sie auf zuvor
eingefärbtem Untergrund in
Guttatechnik.
Der hier nicht sichtbare Saum
aus dunkelrotem Samt bildet den
prächtigen Abschluß.

·········▶

# Chinesische Vase

Wie wär's mit einem chinesischen Vasenbild in eleganten Pastelltönen? Gezeichnet sind alle Motive einschließlich des Gittermusters mit schwarzer Gutta auf Crêpe de Chine. Sehr verspielt und effektvoll ist hier der Umgang mit verschiedenen Pastelltönen. Die schwarze Gutta und das dunkle Blau des Sockels geben den nötigen Halt.

·········▶

# Griechische-Vasen

Auf zartem, vanillefarbenem Untergrund präsentieren sich griechische Vasen um einen Lorbeerkranz mit Figur herum. Die Eckmotive umschließen das Bild mit Götterdarstellungen der griechischen Mythologie.
Alle Motive sind mit schwarzer Gutta gezeichnet. Die Farben sind stark aufgehellt.

·········▶

# Badetuch „Aquarium"

Wer bekommt da nicht Lust zur Seidenmalerei? Gestalten Sie sich Ihr eigenes „Aquarium" mit den Fischmotiven auf dem Vorlagebogen. Die knallig bunten Farben machen Lust auf Sonne und Meer.

Hier sehen Sie einen Ausschnitt des Aquarium-Tuches. Der türkisfarbene Hintergrund ist mit Beimischung von Wasser wolkig gemalt worden. Dadurch wirkt er leichter, und es entsteht der Eindruck von schimmerndem Meer. Malen Sie die einzelnen Fische nach Lust und Laune mit bunten Farben.

Brita Hansen

Seit ihrem Kunststudium in Köln bildet
die textile Kunst den Schwerpunkt ihres
Schaffens. Von 1982 an beschäftigt sich
Brita Hansen mit der Seidenmalerei.
Sie gibt Kurse und veranstaltet Seminare
an verschiedenen Instituten.
Brita Hansen ist durch internationale
Ausstellungen bekannt und gilt als
kompetente Buchautorin im Bereich der
Seidenmalerei.

© 1997 Christophorus-Verlag GmbH
Freiburg im Breisgau

Alle Rechte vorbehalten –
Printed in Belgium
ISBN 3-419-53561-9

Jede gewerbliche Nutzung der Arbeiten und
Entwürfe ist nur mit Genehmigung der Urheberin
und des Verlages gestattet. Bei Anwendung im
Unterricht und in Kursen ist auf dieses Buch
hinzuweisen.

Fotos:
Alexander Stevenson, Köln: Seiten 20-23, 26, 35,
38, 39, 42, 43, 46, 47
Christoph Schmotz, Freiburg: Seiten 30, 31
alle anderen Fotos: Peter Nielsen, Umkirch
Zeichnungen: Brita Hansen
Umschlaggestaltung und Layout:
Network!, München
Produktion: Print Production, Umkirch
Druck und Bindung: Proost, Turnhout 1997

# Hier zeigen wir Ihnen eine Auswahl unserer beliebten und erfolgreichen Bücher - und wir haben noch viele andere im Programm. Wir informieren Sie gerne, fordern Sie einfach unsere Themenprospekte an:

Karin Huber
**Naturfarben auf Seide**
Grundtechniken
Muster und Motive
Accessoires, Kleidung
& Wohnideen
Mit Vorlagen

■ **Bücher für Ihre Kinder:**
Basteln, Spielen und Lernen mit Kindern

■ **Bücher für Ihre Hobbys:**
Stoff- und Seidenmalerei, Malen und
Zeichnen, Keramik, Floristik

■ **Bücher zum textilen Handarbeiten:**
Sticken, Häkeln und Patchwork

Wir sind für Sie da, wenn Sie Fragen
zu AutorInnen, Anleitungen oder
Materialien haben. Und wir interes-
sieren uns für Ihre eigenen Ideen und
Anregungen. Faxen Sie, schreiben Sie
oder rufen Sie uns an. Wir hören
gerne von Ihnen!

Ihr Christophorus-Verlag

CHRISTOPHORUS

Hermann-Herder-Straße 4
79104 Freiburg i. Breisgau
Telefon: 0761 / 2717-268 oder
Fax: 0761 / 2717-352